# COLLECTION DE M. PAUL LEFORT

# DESSINS ANCIENS

PRINCIPALEMENT

## DE L'ÉCOLE ESPAGNOLE

## EAUX-FORTES ET LITHOGRAPHIES

DE

# GOYA

# CATALOGUE

## DE LA COLLECTION.

### DE

# DESSINS ANCIENS

## DES MAITRES

## ESPAGNOLS, FLAMANDS, FRANÇAIS
## HOLLANDAIS ET ITALIENS

---

## PIÈCES RARES

### DE

# L'OEUVRE DE GOYA

---

COMPOSANT LE CABINET DE M. PAUL LEFORT

Collaborateur de la *Gazette des Beaux-Arts* & de l'*Histoire des Peintres*

CETTE VENTE AURA LIEU

## HOTEL DES COMMISSAIRES-PRISEURS

RUE DROUOT, 5, SALLE N° 7

## Les Jeudi 28 & Vendredi 29 Janvier 1869

A DEUX HEURES PRÉCISES

---

PAR LE MINISTÈRE DE M<sup>e</sup> OUDART, COMMISSAIRE-PRISEUR

26, BOULEVARD DES ITALIENS

*Assisté de* M. BLAISOT, *doyen des Experts*

178, RUE DE RIVOLI

---

## EXPOSITION PUBLIQUE

LE MERCREDI 27 JANVIER DE 1 A 5 HEURES

---

1869

# CONDITIONS DE LA VENTE

Elle sera faite au comptant.

Les acquéreurs payeront cinq pour cent en sus des enchères, applicables aux frais.

L'ordre des vacations sera publié ultérieurement.

*Cette collection a été formée dans des conditions exceptionnelles.*

*Ayant demeuré en Espagne une dizaine d'années, M. Paul Lefort, en relation constante avec les érudits, les amateurs & les artistes, a pu étudier, avec une passion éclairée, la grande & curieuse École espagnole, imparfaitement connue en France; car il y avait alors, & il y a encore des Pyrénées entre l'art des deux pays.*

*Chercheur infatigable & fin connaisseur, il a ainsi découvert des documents précieux pour l'histoire de la peinture en Espagne, tout en rassemblant cette collection très-importante de* dessins *& d'eaux-fortes, la plus complète assurément qu'il y ait en France.*

*Le savant auteur du* Dictionnaire des Peintres

de l'Espagne, *Cean Bermudez*, avait formé, à la fin du siècle dernier, un cabinet célèbre : tous ses dessins, annotés de sa main, & minutieusement décrits dans son Dictionnaire, sont devenus la propriété de M. Lefort & composent. le principal noyau de sa collection.

De retour à Paris, il y a quelques années, M. Paul Lefort est devenu tout naturellement & très-légitimement un des collaborateurs aux biographies des peintres espagnols dans le grand ouvrage publié par la librairie Renouard : Histoire des Peintres de toutes les écoles ; *plus d'une fois, les richesses de sa collection ont été mises à profit pour les gravures de ce magnifique recueil.*

*Il eût été bien à désirer que cette suite chronologique de dessins & d'esquisses par les plus célèbres maîtres espagnols passât en entier au Louvre, assez pauvre en dessins de cette virile école ; car, vraisemblablement, il sera désormais presque impossible de rassembler une aussi nombreuse & aussi complète série ; elle commence aux maîtres de la fin du xv⁰ siècle & s'étend jusqu'aux contemporains.*

*Dans cette collection, chaque morceau a de l'intérêt. Citons d'abord, parmi les Italiens, trois dessins hors ligne : une* pietà *de* Michel-Ange, *du style le plus grandiose; de puissantes* études à la *pointe d'argent par* Lucas Signorelli *& un admirable* Sébastien del Piombo; *parmi les Français : un* Poussin, *un* Claude, *un* Boucher, *un* Watteau, *un* Chardin *& une vingtaine de spirituels croquis, enfin plusieurs superbes dessins des écoles allemande, hollandaise & flamande.*

*Parmi les Espagnols, il y a des esquisses de* Velazquez *étonnantes, des dessins à la plume de* Murillo *qui valent des tableaux, des* Ribera *fiers & robustes comme sa peinture, des* Carreño, *des* Cerezo, *qui font songer à* Van Dyck; *en maîtres du* XVI<sup>e</sup> *siècle : de merveilleuses études de* Joanès, *le Raphaël valencien, de* Berruguete, *de* Becerra, *élèves de* Michel-Ange, *de* Sanchez Coëllo, Cespedès, Ribalta, Pacheco, Greco, Orrente, *des* Carducci *& de toute la pléiade d'Italiens qui accoururent à l'appel de* Philippe II *et de* Philippe III *pour décorer l'Escorial et les palais de Madrid.*

Toutes les écoles de l'Espagne & presque tous les maîtres qui l'ont illustrée sont représentés dans cette collection : on y voit surtout les plus beaux dessins de Goya que nous connaissions, & il y en a de toutes ses manières & de toutes ses époques, des esquisses terminées & des croquis fantasques. Quant à ses eaux-fortes & à ses lithographies, il suffit de dire qu'on en trouvera de rarissimes tirées par l'artiste lui-même, plusieurs dont on ne connaît qu'une ou deux épreuves : n'est-ce pas à M. Lefort qu'on doit le Catalogue de l'œuvre gravé & lithographié de Goya, *qui a paru dans la* Gazette des Beaux-Arts?

W. B.

# ÉCOLE ESPAGNOLE

# DÉSIGNATION

## ÉCOLE ESPAGNOLE

### ALENZA (LEONARDO)

( Madrid, 1830. )

1. — Un Jésuite prêchant dans la rue.

Curieuse gouache sur vélin. (Signée.)

L. 26 c.; H. 20 c.

2. — Études de figures.

Croquis au crayon dans la manière de Goya.

### ALFARO (JUAN)

( Cordoue & Madrid, XVIIᵉ siècle. )

3. — Saint Michel terrassant le démon.

Étude au bistre pour le tableau de l'église de San Isidro el Real, à Madrid.

H. 20 c.; L. 12 c.

# ANONYME

### 4. — Agar dans le désert.

Joli dessin à la plume, lavé de bistre.

H. 20 c.; L. 14 c.

### 5. — L'adoration des Mages.

Très-joli dessin à la sanguine, cintré.

H. 30 c.; L. 21 c.

### 6. — Moine appuyé sur un bâton.

Belle étude à la sanguine.

H. 23 c.; L. 20 c.

### 7. — Figures allégoriques. Composition. pour un plafond.

Beau dessin à la pierre noire, rehaussé de blanc.

H. 35 c.; L. 21 c.

### 8. — La rencontre. Personnages en costume du temps de Philippe IV.

Curieux dessin lavé à l'encre de Chine, sur vélin.

L. 22 c.; H. 17 c.

## ANONYME

9. — Portrait de don Pedro Mailfer. Rome, 1782.

A la mine de plomb.

H. 14 c.; L. 12 c.

## ANONYME

( Ecole d'Andalousie du XVI<sup>e</sup> siècle. )

10. — Sainte Famille avec Dieu le Père au milieu d'anges portant des couronnes.

Très-beau dessin à la plume, lavé d'indigo.

H. 27 c.; L. 19 c.

## ANONYME

( École de Madrid du XVII<sup>e</sup> siècle. )

11. — Une lampe de sanctuaire d'une grande richesse de composition.

A la plume, lavé d'encre, grandeur d'exécution.

## ANONYME

( École de Madrid du XVIII<sup>e</sup> siècle. )

12. — Un personnage en costume du temps de Philippe IV.

Cróquis à la pierre noire, rehaussé de blanc.

H. 29 c.; L. 17 c.

# ANONYME

( École de Séville du XVIIᵉ siècle. )

## 13. — La Vierge soutenant le Christ mort.

Dessin au lavis d'encre de Chine d'un puissant effet.

L. 15 c.; H. 17 c.

# ANONYME

(École de Séville du XVIIᵉ siècle. )

## 14. — Une Cour de Posada.

A la plume, lavé de bistre. ( Coll. Gasc.)

L. 24 c.; H. 17 c.

# ANONYME

( École de Tolède du XVIᵉ siècle. )

## 15. — Portrait d'homme.

Superbe dessin à la plume, dans le style du Greco.

H. 21 c.; L. 15 c.

# ANONYME

( Ecole de Valence du XVIIᵉ siècle. )

## 16. — Allégorie sur la naissance d'un prince.

A la plume, lavé de bistre.

H. 23 c.; L. 12 c.

## ASENSIO (JOSE)

(Madrid, xviiiᵉ siècle.)

### 17. — Mars & Vénus.

Délicieuse vignette à la plume. (Signée & datée.)

H. 15 c.; L. 09 c.

## BAYEU (FRANCISCO)

(Madrid, xviiiᵉ siècle.)

### 18. — Mariage de la Vierge.

Esquisse au crayon, rehaussé de blanc d'une composition exécutée par l'artiste. Au verso : divers croquis.

H. 36 c.; L. 22 c.

### 19. - L'Agneau pascal adoré par plusieurs saints. Étude pour fresque.

Croquis au crayon noir.

H. 39 c.; L. 26 c.

### 20. — Saint Ferdinand en prière.

Croquis au crayon.

H. 34 c.; L. 19 c.

## BECERRA (GASPAR)

(École de Castille, xviᵉ siècle.)

### 21. — Deux Apôtres : Études pour une fresque.

Au lavis, rehaussé de blanc, sur papier préparé.

L. 48 c.; H. 36 c.

22. — Étude des deux bourreaux pour un sujet
de la Flagellation.

Précieux dessin à la mine d'argent d'un grand caractère.

H. 25 c.; L. 20 c.


## BERRUGUETE (ALONSO)

(École de Castille, XVIe siècle.)

23. — Groupe d'Apôtres dans le sujet de la
Transfiguration.

Très-beau dessin à la plume dans le caractère de
Michel-Ange.

L. 38 c.; H. 25 c

24. — Casques, vases, chimères

Joli dessin à la plume. Au verso : divers croquis
d'ornements.

H. 27 c.; L. 18 c.


## BOCANEGRA (ATANASIO)

(Grenade, XVIIe siècle.)

25. — Le Christ mort pleuré par saint Jean &
les Maries.

Dessin à la plume, lavé d'encre de Chine.

H. 18 c.; L. 14 c.

# BRUNELLI (CARLO)

(Peintre-graveur, XVIIIe siècle.)

26. — Martyre de saint Barthélemy, d'après Ribera.

A la sanguine.

H. 29 c. ; L. 21 c.

# CABEZALERO (JUAN-MARTIN)

(Madrid, XVIIe siècle.)

27. — Le Crucifiement.

Composition capitale à la plume, lavée de bistre.

H. 48 c. ; L. 38 c.

# CAMARON (JOSE)

(Madrid, XVIIIe siècle.)

28. — Vierge glorieuse.

A la plume.

H. 20 c. ; L. 14 c.

29. — La Vierge & l'Enfant.

Joli croquis à la plume.

H. 15 c. ; L. 11 c.

30. — Scène du don Quichotte.

Dessin à la plume.

H. 20 c. ; L. 15 c.

2

**31. — Paysage.**

A la plume. (Signé.)

L. 22 c.; H. 18 c.

## CAMILO (Fr.)

(Madrid, XVII<sup>e</sup> siècle.)

**32. — Saint François de Paule.**

Très-beau dessin à la plume, lavé de bistre.

H. 18 c.; L. 15 c.

**33. — Un Lion.**

Dessin à la plume d'une superbe facture.

L. 24 c.; H. 21 c.

## CANO (Alonso)

(Séville, Grenade, XVII<sup>e</sup> siècle.)

**34. — La Vierge apparaissant à deux religieux.**

Dessin magistral & l'un des plus beaux qu'ait exécutés l'artiste. A la plume, lavé de bistre. (Collection de Cean Bermudez.)

H. 28 c.; L. 19 c.

**35. — La Vierge apparaissant à trois saints.**

Très-beau dessin, lavé de bistre. (Collection de Cean Bermudez.)

H. 14 c.; L. 11 c.

**36. — La Vierge apparaissant à un saint.**

A la plume, lavé de bistre; cintré.

H. 13 c.; L. 11 c.

**37. — Saint Joseph & l'enfant Jésus dans un paysage.**

Très-beau dessin à la plume, lavé de bistre. (Collection de Cean Bermudez.)

H. 13 c.; L. 9 c.

**38. — Apparition d'un ange à un martyr de l'ordre des Dominicains.**

A la plume, lavé de bistre ; cintré.

H. 15 c.; L. 11 c.

**39. — Deux saintes apparaissant à un religieux en prière.**

Charmant dessin à la plume, lavé de bistre.

H. 14 c.; L. 12 c.

**40. — Saint Ignace distribuant des aumônes.**

A la plume, lavé de bistre, cintré.

H. 14 c.; L. 11 c.

**41. — Saint Ignace secourant les pauvres.**

A la plume, lavé de bistre; cintré.

H. 13 c.; L. 11 c.

**42. — Prédication de saint Dominique.**

Superbe dessin à la plume, vigoureusement lavé de bistre; cintré.

H. 14 c.; L. 11 c.

**43. — Prédication de saint Dominique.**

Superbe dessin à la plume, lavé de bistre. (Collection de Cean Bermudez.)

L. 19 c.; H. 16 c.

**44. — Guérisons miraculeuses devant un autel.**

A la plume & au bistre; cintré.

H. 14 c.; L. 11 c.

**45. — Un auto-da-fé sur la Plaza-mayor.**

Curieux & très-beau dessin à la plume, lavé de bistre.

L. 14 c.; H. 12 c.

## CARDUCHO (Vicente)

(Madrid, xvi<sup>e</sup> & xvii<sup>e</sup> siècles. )

**46. — Sainte Famille.**

Très-beau dessin à la sépia, rehaussé de blanc, pour le tableau appartenant à la collection du général Quesada à Madrid. (Collection de Cean Bermudez.)

H. 21 c.; L. 19 c.

47. — Saint Grégoire écrivant sous l'inspiration du Saint-Esprit.

> Magnifique dessin à la plume, lavé de bistre & rehaussé de blanc, sur papier bleu. (Collection de Cean Bermudez.)
>
> H. 30 c.; L. 20 c.

48. — Saint Bruno lavant les pieds du Christ.

> Magnifique étude pour un tableau exécuté par l'artiste; au crayon, lavé de bistre & rehaussé de blanc.
>
> H. 29 c.; L. 22 c.

49. — Miracle d'un chartreux.

> Très-beau dessin, lavé d'encre & rehaussé de blanc; le tableau en a été exécuté.
>
> L. 26 c.; H. 16 c.

## CARMONA (Salvador)

### (Madrid, XVIIIe siècle.)

50. — Portrait de jeune fille.

> Très-joli dessin aux trois crayons.
>
> H. 29 c.; L. 24 c.

51. — Portrait de jeune garçon.

> Aux trois crayons.
>
> H. 25 c.; L. 19 c.

**52. — Têtes de jeune homme & de jeune fille.**

Charmant dessin aux trois crayons.

H. 25 c. ; L. 25 c.

**53. — Enfant endormi.**

Joli dessin aux trois crayons.

H. 13 c. ; L. 13 c.

## CARNICERO (Isidro)

(Madrid, XVIIIᵉ siècle.)

**54. — Saint Jérôme au désert.**

Superbe dessin à la sanguine, très-terminé. (Signé.)

H. 31 c. ; L. 21 c.

**55. — La nuit.**

Dessin à la plume, lavé d'encre de Chine.

L. 24 c. ; H. 19 c.

## CARRENO DE MIRANDA

(Madrid, XVIIᵉ siècle.)

**56. — Saint Jacques.**

Dessin à la pierre noire, rehaussé de blanc.

H. 24 c. ; L. 20 c.

**57. — Étude pour une figure de Nymphe.**

A la pierre noire, rehaussé de blanc.

H. 30 c.; L. 18 c.

**58. — Page tenant la bride d'un cheval.**

Superbe étude à la pierre noire, rehaussé; dans le caractère de Van Dyck.

H. 30 c.; L. 19 c.

**59. — Étude d'une figure d'homme suppliant.**

Croquis à la pierre noire.

H. 24 c.; L. 16 c.

## CASTILLO (Antonio del)

(Cordoue, XVIIᵉ siècle.)

**60. — Ange portant une aiguière.**

Charmant petit dessin à la plume. (Signé du monogramme de l'artiste.)

H. 10 c.; L. 8 c.

**61. — Saint Paul.**

Très-beau dessin à la plume.

— Sur le même dessin, plusieurs croquis de têtes d'anges & de vieillard.

H. 21 c.; L. 15 c.

**62. — Études de têtes.**

Croquis au crayon.

H. 27 c.; L. 20 c.

**6). — Divers croquis pour un Crucifiement.**

A la plume.

(Coll. Nils-Bark & Thibaudeau.)

H. 22 c.; L. 17 c.


# CASTILLO (JUAN DEL)

(Séville, XVIIᵉ siècle.)

## 64. — Naissance de la Vierge.

Croquis à la pierre noire, rehaussé de sanguine.

L. 24 c.; H. 16 c.


# CAXÈS (EUGENIO)

(Madrid, XVIIᵉ siècle.)

## 65. — Sainte Isabelle, reine de Portugal.

Très-joli dessin au crayon, lavé de bistre & mis au carreau, pour le tableau qui est dans l'église de San Antonio de los Portugueses à Madrid. (Coll. de Cean Bermudez, décrit dans son *Dictionnaire*.)

L. 26 c.; H. 15 c.


## 66. — Deux Apôtres debout.

Au pinceau, lavé de bistre.

H. 20.; L. 19.

# CEREZO (MATEO)
### (Madrid, XVII<sup>e</sup> siècle.)

**67. — Le Christ mort pleuré par les saintes femmes.**

> Au crayon, lavé de bistre, signé : Cerezo. f. (Coll. Cean Bermudez, & décrit dans son *Dictionnaire*. Ce dessin a été également décrit dans l'*Histoire des peintres* par **W. Bürger**.)
>
> L. 21 1/2 c.; H. 15 c.

**68. — Ensevelissement du Christ.**

> Composition grandiose dans le style de Ribera. A la plume, lavée de bistre.
>
> L. 30 c.; H. 21 c.

**69. — Deux têtes d'Anges.**

> A la plume.
>
> L. 28 c.; H. 19 c.

**70. — Paysage.**

> Très-belle étude à la plume.
>
> L. 32 c.; H. 19 c.

# CESPEDÈS (PABLO DE)
### (Cordoue, XVI<sup>e</sup> siècle.)

**71. — Saint Hermenegilde marchant au supplice & adjuré par un évêque arien.**

> Dessin capital de l'artiste, à la plume, lavé de bistre & rehaussé de blanc. (Signé du monogramme.)
>
> — Gravé dans l'*Histoire des peintres* : biographie de Cespedès. (Coll. de Cean Bermudez & décrit dans son *Dictionnaire*.)
>
> H. 28 c.; L. 24 c.

## CHURRIGUERA (JOSE)
(Madrid, XVIIe siècle.)

72. — Motifs d'ornements.

Deux très-beaux dessins à la plume, lavés d'encre.

H. 30 c.; L. 20 c.


## COLLANTES (FRANCISCO)
(École de Madrid, XVIIe siècle.)

73. — La Vierge & l'Enfant adorés par des Anges.

A la plume, lavé de rouge.

H. 22 c.; L. 30 c.


## COELLO (ALONSO SANCHEZ)
(École de Castille, XVI siècle.)

74. — Esquisse pour un portrait de dame, époque de Philippe II.

A la sanguine, rehaussé de blanc sur papier bleu, mis au carreau.

H. 24. c.; L. 17 c.


## COELLO (CLAUDIO)
(Madrid, XVIIe siècle.)

75. — Assomption de la Vierge.

A la plume, lavé de bistre. — Mis au carreau.

H. 24 c.; L. 14 c.

**76. — Saint Jean dans le désert.**

Superbe dessin à la sépia.
(Coll. Cean Bermudez.)

H. 32 c.; L. 22 c.

**77. — Ravissement d'une sainte.**

Beau dessin à la plume, lavé d'encre.
— Au verso, une étude du même sujet.

L. 27 c.; H. 20 c.

**78. — Portrait d'un personnage inconnu.**

Aux crayons noir & rouge.

H. 34 c.; L. 23 c.

**79. — Portrait d'un infant d'Espagne.**

Charmant dessin aux crayons noir & rouge.

H. 17 c.; L. 14 c.

**80 — Étude d'enfant.**

Aux crayons rouge & noir.

L. 23 c.; H. 16 c.

## CRUZ (Manuel de la)

**81. — Allégorie sur le commerce.**

Vignette à la plume, lavée de bistre. (Signé.)

L. 15 c.; H. 07 c.

# CUEVAS

(Huesca, XVIᵉ siècle.)

82. — Saint Jean évangéliste.

Étude du plus grand caractère, pour une fresque.
A la plume, lavée de bistre.

H. 29 c.; L. 14 c.

# ENGUIDANOS (Jose)

(Madrid, XVIIIᵉ siècle.)

83. — Saint Joseph & l'enfant Jésus.

Charmant dessin au crayon noir, rehaussé de blanc
sur papier bleu.

H. 19 c.; L. 12 c.

# ENGUIDANOS (Tomas)

(Madrid, XVIIIᵉ siècle.)

84. — Apparition de la Vierge à un saint.

Dessin à la plume, lavé d'encre. (Signé.)

Rond; Diam. 29 c.

85. — Amours jouant avec des colombes.

Comp. à la plume, lavée de bistre.

Rond; Diam. 33 c.

# ESCALANTE  (J. Antonio)

### ( Madrid, XVIIᵉ siècle. )

## 86. Groupe de combattants.

Vigoureux croquis à la plume.

H. 18 c.; L. 17 c.

# ESPINOS

### (Valence, XVIIIᵉ siècle.)

## 87. — Branches de fleurs.

Études à la sanguine.

L. 26 c.; H. 19 c.

# ESPINOSA (Geronimo)

### (Valence, XVIIᵉ siècle.)

## 88. — L'Enfant Jésus & saint Jean.

Charmant petit dessin à la plume, lavé de bistre.
Sur la même feuille : Une tête d'homme, également à
la plume.

L. 11 1/2 c.; H. 8 1/2 c.

## 89. — Études de chameaux.

A la plume, légèrement lavé.

L. 25 c.; H. 17 c.

# FERNANDEZ (Francisco)

(Madrid, XVIIe siècle.)

## 90. — Apparition de la Vierge à un saint docteur.

Dessin capital de l'artiste, lavé de bistre & d'encre de Chine, rehaussé de blanc. (Signé au verso.)

L. 27 c.; H. 20 c.

# FERNANDEZ (Luis)

(Séville, XVIe siècle.)

## 91. — Saint martyr.

Dessin à la plume, lavé de bistre; mis au carreau.

H. 25 c.; L. 15 c.

# GALVEZ

(Madrid, XIXe siècle.)

## 92. — Études de figures.

Deux croquis à la plume.

H. 05 c.; L. 04 c.

# GASULL (Augustin)

(Valence, XVIIe siècle.)

## 93. — Mascarons & rinceaux d'ornements.

A la plume, lavé d'encre de Chine. (Signé.)

H. 25 c.; L. 17 c.

# GOMEZ (Juan)
### (École de Castille, XVI<sup>e</sup> siècle.)

**94. — Étude d'homme nu.**

Dessin à la plume dans le style de Berruguete.

H. 19 c.; L. 18 c.

# GOMEZ (Luciano-Salvador)
### (Valence, XVII<sup>e</sup> siècle.)

**95. — Chœur d'Anges.**

Croquis à la plume.

L. 26 c.; H. 19 c.

**96. — Jésus guérissant les malades.**

Magistral croquis à la plume : composition capitale de l'artiste. (Signée : *Salvador*.)

H. 29 c.; L. 20 c.

# GOMEZ (Vicente-Salvador)
### (Valence, XVII<sup>e</sup> siècle.)

**97. — L'Enfant Jésus & plusieurs Anges apparaissant à un religieux.**

Délicieux dessin à la plume. (Signé & daté.)

L. 17 c.; H. 13 c.

**98. — Vierge glorieuse.**

Dessin à la plume, détaché d'un manuscrit rédigé par l'artiste sur les arts du dessin. (Signé & daté 1674.)

H. 20 c.; L. 12 c.

**99. — Vénus & l'Amour.**

Charmant dessin à la plume, lavé de bistre, dans un ovale, signé : Vicente Salvador Gomez. (Coll. Cean Bermudez.)

H. 15 c.; L. 12 c.

## GOYA (Francisco)

### (Madrid, XVIIIᵉ siècle.)

**100. — Un saint embrassant la croix.**

Magnifique dessin au lavis de bistre & de sépia, rehaussé de blanc; du plus puissant effet.

H. 20 c.; L. 14 c.

**101. — Un Père de l'Église.**

Magnifique dessin, lavé & gouaché.

H. 20 c.; L. 14 c.

**102. — Soumission religieuse.**

Dessin au pinceau d'un grand caractère; il a été gravé dans la *Gazette des Beaux-Arts.*

L. 23 c.; H. 17 c.

**103. — Judith.**

Sépia du plus grand effet.

H. 22 c.; L. 16 c.

**104. — Figure allégorique.**

Lavé d'encre.

Ovale. — H. 12 c.; L. 11 c.

**105.** — Portrait de l'artiste.

> A la plume ; il a été gravé en fac-simile dans la *Gazette des Beaux-Arts*. (Coll. Cean Bermudez.)
>
> H. 10 1/2 c.; L. 08 1/2 c.

**106.** — Portrait du comte de Gausa.

> Superbe dessin à la mine de plomb ; il a été gravé par Selma.
>
> H. 12 c.; L. 09 c.

**107.** — Un Nain de Philippe IV.

> Dessin à la mine de plomb & à la pierre noire d'après Velazquez ; on connaît l'eau-forte gravée d'après ce dessin.
>
> H. 20 c.; L. 15.

**108.** — Un Nain de Philippe IV.

> Dessin à la sanguine d'après Velazquez ; Goya l'a gravé à l'eau-forte.
>
> H. 20 c., L. 15 c.

**109.** — Une Femme voilée.

> Étude à la sépia du plus piquant effet.
>
> H. 22 c.; L. 18 c.

**110.** — La Chute de Saragosse ; allégorie.

> Très-important dessin, lavé à la sépia & rehaussé.
>
> H. 27 1/2 c.; L. 20 1/2 c.

**111.** — Fille, Mère, Aïeule.

> Spirituel dessin à la pierre noire d'un piquant effet.
>
> L. 20 c.; H. 13 c.

## 112. — Le Songe.

Dessin lavé à plusieurs teintes & rehaussé : superbe d'effet.

H. 18 c.; L. 13 c.

## 113. — Sur l'abîme; allégorie politique.

Dessin au crayon noir estompé, rappelant une eau-forte du maître.

H. 32 c.; L. 21 c.

## 114. — Homme entraîné par des démons.

Dessin capital de l'artiste qui l'a reproduit en lithographie; à l'encre de Chine.

L. 23 c.; H. 15 c.

## 115. — Les Charmeurs de serpents.

Dessin au pinceau à l'encre de Chine.

L. 24 c.; H. 19 c.

## 116. — Scène de Carnaval.

A la plume, lavé d'encre de Chine.

H. 28 c.; L. 17 c.

## 117. — Le Pédant; caprice inédit.

Précieux dessin à la sanguine. — Une étude du même sujet au verso.

H. 20 c.; L. 14 c.

## 118. — Le Prisonnier.

Vigoureuse étude d'un sujet gravé à l'eau-forte par l'artiste; à la plume, lavé d'encre.

H. 10 c.; L. 07 c.

119. — Scène de mœurs.

Vigoureux dessin à l'encre de Chine.

H. 19 c.; L. 14 c.

120. — Scènes de mœurs espagnoles.

Six sujets de l'album de Goya ; — dessinés à la plume, lavés d'encre de Chine ; sur trois feuilles, au recto & au verso, de la plus spirituelle facture. (L'un de ces sujets rappelle une eau-forte des *Caprices*.)

H. 23 c.; L. 14 c.

121. — Tête de vieillard.

Sépia d'un puissant effet.

H. 16 c.; L. 15 c.

122. — Étude pour l'eau-forte portant le n° 5 dans la suite des planches de la *Tauro-machie*.

Dessin capital, à la sanguine.

L. 29 c.; H. 19 c.

123. — Étude avec quelques variantes, pour l'eau-forte portant le n° 30 dans la suite des planches de la *Tauromachie*.

Dessin capital, à la sanguine.

L. 28 c.; H. 19 c.

124. — Étude de taureaux.

Au lavis de sanguine ; Goya a gravé ce dessin à l'eau-forte.

L. 31 c.; H. 21 c.

# HERRERA BARNUEVO (SÉBASTIAN)
## (Madrid, xviie siècle.)

**125. — Saint Jean-Baptiste.**

Très-belle étude à la plume, lavée d'encre pour une composition peinte par l'artiste à l'Escorial.

H. 19 c.; L. 12 c.

# HERRERA EL MOZO (FRANCISCO)
## (Séville, Madrid, xviie siècle.)

**126. La Vierge soutenant le Christ mort.**

Dessin au pinceau, teinté de bistre d'un puissant effet.

L. 21 c.; L. 19 c.

**127. — Sainte Catherine recevant la palme du martyre.**

Très-beau dessin à la plume, lavé de bistre. (Coll. de Cean Bermudez.)

H. 15 c.; L. 10 c.

**128. — Ange tenant des fleurs**

A la plume, lavé de bistre.

H. 10 c., L. 07 c.

**129. — Le bon Samaritain.**

A la plume, lavé d'encre & de sépia.

H. 23 c.; L. 17 c.

130 — Étude pour un projet de fontaine monu-
    mentale.

A la plume, lavé de bistre, (cintré).

H. 29 c.; L. 16 c.

## HERRERA EL VIEJO (Francisco)

(Séville, XVIIᵉ siècle.)

131. — Tête de vieillard.

Énergique dessin à la plume de roseau.

H. 20 c.; L. 15 c.

## INGLÈS (Jose)

(École de Valence, XVIIIᵉ siècle.)

132. — Saint Luc peignant la Vierge.

Étude pour une fresque, à la plume, lavée de bistre.

H. 16 c.; L. 16 c.

## IRIARTE (Ignacio)

(Séville, XVIIᵉ siècle.)

133. — Paysage.

Dessin à la plume, lavé d'encre.

H. 22 c.; L. 31 c.

# JUANES (Juan de)

(Valence, XVIᵉ siècle.)

**134.** — Un ange portant un attribut de la Passion.

Magnifique dessin à la plume, lavé de bistre.

H. 31 c.; L. 19 c.

**135.** — La Madeleine au pied de la croix.

Dessin d'un puissant caractère, & œuvre capitale du maître; il est rehaussé de blanc & de noir, sur papier teinté de rouge.

H. 22 c.; L. 17 c.

**136.** — Une sainte en prière.

Magnifique étude au lavis de bistre, rehaussé de blanc dans le style de l'école ombrienne.

H. 28 c.; L. 18 c.

# LOPEZ (Sanchez)

( Madrid, 1812.)

**137.** — Oiseaux.

Dessin à l'aquarelle. (Signé.)

H. 21 c.; L. 15 c.

# LOPEZ (Vicente)
### (Madrid, XVIIIᵉ siècle.)

138. — Saint Benoît.

> Superbe dessin au crayon, lavé d'encre.

> H. 31 c.; L. 21 c.

139. — Portrait d'une abbesse.

> Beau dessin au crayon, lavé d'encre; il a été gravé par Selma.

> H. 21 c.; L. 17 c.

140. — Vignettes.

> Deux jolis dessins au crayon, lavés d'encre de Chine.

> H. 16 c.; L. 22 c.

# LUCAS (Eugenio)
### (Madrid, 1865.)

141. — Courses de taureaux.

> Dessin à l'aquarelle d'un pittoresque effet. (Signé.)

> L. 25 c.; H. 16 c.

# MAELLA (Mariano Salvador)
### (Madrid, XVIIIᵉ siècle.)

142. — Sujet historique, première pensée d'un de ses tableaux.

> Au crayon & lavis d'encre; mis au carreau.

> L. 28 c.; H. 21 c.

143. — L'entrée d'un port de mer.

Vignette à la plume ; gravée par Carmona.

L. 25 c. ; H. 14 c.

## MARCH (Esteban) *dit* DES BATAILLES

(Valence, XVIIe siècle.)

144. — Sujet mythologique.

A la plume, lavé de bistre.

L. 24 c. ; H. 20 c.

145. — Portrait de l'artiste & de son fils Miguel.

Superbes dessins à la plume du plus vigoureux caractère.

L. 23 c. ; H. 16 c.

## MARCH (Miguel)

(Valence, XVIIe siècle.)

146. — Adoration des Mages.

Importante composition à la plume, lavée de bistre & rehaussée de blanc.

L. 27 c. ; H. 20 c.

## MARTINEZ (Crisostomo)

(Valence, XVIIe siècle.)

147. — Des Anges portant la croix.

Feuille de croquis à la plume.

L. 42 c. ; H. 28 c.

# MARZO (Andrès)

## (Valence, XVIIᵉ siècle.)

**148. — Plantation d'un calvaire.**

Composition importante; à la plume, lavée d'encre de Chine.

H. 36 c.; L. 23 c.

**149. — Fète célébrée en 1662 à Valence en l'honneur du mystère de la Conception.**

Dessin capital de l'artiste.

Très-belle composition à la plume, lavée de bistre. (Elle a été gravée en frontispice dans l'ouvrage de J. B. de Valdès, publié à Valence en 1663.)

H. 36 c.; L. 25 c.

# MORALÈS LE DIVIN

## (Badajoz, XVIᵉ siècle.)

**150. — Le Crucifié.**

Magnifique étude à la mine de plomb, d'un grand sentiment & d'une rare perfection de modelé.

H. 30 c.; L. 20 c.

# MORAN (Santiago)

**151. — Tète de jeune femme.**

Très-belle étude à la pierre noire, légèrement rehaussée.

H. 26 c.; L. 19 c.

## MUNOZ (Sebastian)

( Madrid, XVII<sup>e</sup> siècle. )

**152. — Portrait d'homme.**

Aux trois crayons.

H. 9 c.; L. 7 c.


## MURILLO (Bartolome Esteban)

( Séville, XVII<sup>e</sup> siècle. )

**153. — Étude d'Anges.**

Superbe dessin à la sanguine.

L. 25 c.; H. 24 c.


**154. — Mariage mystique de sainte Catherine.**

Magistrale étude à la plume d'une composition peinte
par l'artiste aux Capucins de Cadix, & la dernière qu'il
ait exécutée. (Ce dessin a appartenu à Raphaël Mengs.)

H. 28 c.; L. 20 c.


**155. — La Madeleine pénitente.**

Dessin à la plume du plus beau faire du maître (Collection de Cean Bermudez.)

H. 13 c.; L. 12 c.


**156. — Un moine debout.**

Superbe étude à la pierre noire.

H. 27 c.; L. 18 c.

157. — Un religieux.

Superbe esquisse à la pierre noire.

H. 27 c.; L. 18 c.

158. — Scène familière.

Très-beau dessin à la plume.

H. 26 c.; L. 20 c.

159. — Tète d'enfant.

Dessin à la plume d'une grande beauté d'exécution.

H. 19 c.; L. 14 c.

160. — Vue d'un grand nombre de navires dans la baie de Cadix.

Dessin à la plume d'une précieuse facture; portant la signature de Murillo. (Cean Bermudez, qui a possédé ce dessin, le décrit soigneusement dans sa *Biographie de Murillo*.)

L. 42 c.; H. 12 c.

# NAVARRETE EL MUDO

(École de Catiille, XVI<sup>e</sup> siècle.)

161. — Patriarches tirés des limbes.

Étude à la plume sur papier teinté, pour une composition qui est à l'Escorial.

H. 26 c.; L. 12 c.

# ORRENTE (Pedro)

### (Valence, XVIᵉ siècle.)

**162. — Les Pèlerins d'Emmaüs.**

Énergique dessin à la plume, lavé de bistre & très-caractéristique de la manière du maitre.

L. 31 c.; H. 21 c.

**163. — L'Invasion.**

Beau dessin au pinceau, teinté de bistre.

L. 23 c.; H. 19 c.

# PACHECO (Francisco)

### (Séville, XVIᵉ siècle.)

**164. — Portrait d'un vieillard.**

Très-beau dessin aux crayons rouge & noir.

H. 19 c.; L. 15 c.

# PALLARES (D. Juan)

### (Madrid, XVIIᵉ siècle.)

**165. — Un Ostensoir.**

Dessin à la plume, lavé d'encre de Chine. (Signé.)

H. 30 c.; L. 25 c.

## PARET (Luis)

(Madrid, XVIIIᵉ siècle.)

**166. —** Titre pour une édition de l'*Ancien Testament*, publiée à Madrid en 1794.

Dessin à la plume, lavé d'encre de Chine & rehaussé de blanc (gravé par Vazquez). — Au verso un reçu autographe de l'artiste du prix de son dessin.

H. 15 c.; L. 10 c.

**167. —** Plusieurs allégories.

A la plume, lavé d'encre de Chine.

L. 35 c.; H. 11 c.

**168. —** Cul-de-lampe.

Dessin au lavis de bistre.

L. 21 c.; H. 15 c.

## PEREDA (Antonio de)

(Madrid, XVIIᵉ siècle.)

**169. —** L'Enfant Jésus apparaissant à saint Antoine de Padoue.

Très-beau dessin à la plume, lavé d'encre & rehaussé de blanc.

Ovale. — H. 29 c.; L. 21 c.

# PLANES (Luis Antonio)

( Valence, XVIIIᵉ siècle.)

170. — Scène tragique.

Vigoureux dessin à la plume, lavé de bistre.

H. 18 c. ; L. 14 c.

# PONTONS (Pablo)

( Valence, XVIIᵉ & XVIIIᵉ siècles.)

171. — Évêque entouré de son clergé.

Dessin d'un grand caractère ; au crayon & à la plume.

H. 38 c. ; L. 27 c.

# RIBALTA (Francisco)

(Valence, XVIᵉ siècle.)

172. — Vierge glorieuse.

Très-beau dessin au bistre, lavé de sanguine.

H. 28 c. ; L. 20 c.

173 — L'Enfant Jésus au milieu des instruments
de la Passion.

Dessin capital du maître ; à la plume.

H. 30 c. ; L. 20 c.

**174. — L'Archange saint Michel.**

Dessin capital à la plume & lavé de bistre.

H. 29 c.; L. 19 c.

**175. — Saint Jean-Baptiste au désert.**

Croquis à la plume.

H. 18 c.; L. 13 c.

**176. — Saint Vincent Ferrier.**

Magistral croquis à la plume, légèrement lavé de bistre & mis au carreau.

H. 26 c.; L. 16 c.

**177. — Une femme tenant un enfant.**

Croquis à la plume, légèrement lavé de bistre.

L. 13 c.; H. 13 c.

**178. — La Source miraculeuse.**

Très-beau dessin à la plume, lavé de bistre.

H. 25 c.; L. 20 c.

## RIBERA (JOSE)

(XVIe siècle.)

**179. — Saint Jérôme pénitent.**

Esquisse à la plume.

L. 13 c.; H. 10 c.

180. — Hercule brandissant sa massue. — Étude de torse.

Deux dessins à la plume d'une puissante facture.

H. 15 c.; L. 16 c.

181. — Tête de jeune guerrier.

A l plume.

H. 18 c.; L. 15 c.

## RIGALS (L.)

182. — Vue de Vich.

Très-joli dessin à la plume, lavé de bistre & rehaussé de blanc. (Signé & daté au verso.)

L. 19 c.; H. 14 c.

## RIZI (Francisco)

(Madrid, XVIIᵉ siècle.)

183. — Saint Antoine de Padoue soutenant l'enfant Jésus.

Magnifique dessin à la plume, lavé de bistre, comparable pour la grandeur de l'effet aux plus beaux dessins de Murillo. (Collection de Cean Bermudez.)

H. 27 c.; L. 20 c.

## ROELAS (JUAN DE LAS)

(Séville, XVIᵉ siècle.)

184. — Le Christ descendu de la croix & pleuré par les saintes femmes.

Dessin capital à la plume, légèrement lavé d'encre & de bistre (collection de Cean Bermudez).

L. 24 c.; H. 17 c.

## RUIZ GONZALEZ (PEDRO)

(Madrid, XVIIᵉ siècle.)

185. — Baptême du Christ.

Importante composition à la plume, lavée d'indigo; signée & datée 1667.

L. 37 c.; H. 29 c.

## SAURA (DOMINGO)

(École de Valence, XVIIᵉ siècle.)

186. — Vision de sainte Thérèse.

Énergique composition à la plume, lavée de bistre.

H. 26 c.; L. 19 c.

## SOLIS (FRANCISCO)

(École de Madrid, XVIIᵉ siècle.)

187. — Allégorie sur le mariage d'un roi d'Espagne.

A la plume, lavé de bistre & mis au carreau.

H. 34 c.; L. 25 c.

# THEOTOCOPULI (*dit* LE GRECO)

(Tolède, XVIe siècle.)

## 188. — Le Portement de croix.

Dessin capital à la plume. — Au verso une étude du même sujet.

H. 28 c.; L. 21 c.

## 189. — Le Portement de croix.

Croquis à la sanguine.

L. 17 c.; H. 14 c.

# TOBAR (MIGUEL)

(École de Murillo. — Séville, XVIIe siècle.)

## 190. — La Vierge & l'Enfant.

Joli dessin à la sanguine. — Au verso un croquis du même sujet.

H. 20 c.; L. 15 c.

## 191. — Le même sujet.

A la sanguine.

H. 21 c.; L. 15 c.

# TORRES (CLEMENTE)

(Séville, XVIIe siècle.)

## 192. — Sainte Famille.

Dessin à la plume, lavé d'encre. — (Collection de Cean Bermudez; cité dans son *Dictionnaire* comme rivalisant avec les dessins de Murillo.)

H. 22 c.; L. 19 c.

# TRISTAN (Luis)

(Tolède, XVIᵉ & XVIIᵉ siècles.)

**193. — Christ en croix.**

Dessin à la plume (daté 1648). — Cité dans l'*Histoire des Peintres* par W. Bürger.

H. 18 c.; L. 12 c.

**194. — Le Christ en croix, entouré d'anges, avec le Créateur dans une gloire.**

Précieux dessin à la plume, lavé de bistre.

H. 20 c.; L. 15 c.

# VALDÈS LEAL (Juan)

(Séville, XVIIᵉ siècle.)

**195. — Le Christ flagellé.**

Dessin capital à la plume & lavé d'encre ; étude pour le tableau qui se voit à la cathédrale de Séville. — Collection de Cean Bermudez. (Signé : *Valdez*.)

H. 35 c.; L. 25 c.

**196. — Présentation de la Vierge au Temple.**

Dessin au crayon, lavé de bistre pour le tableau qui est au musée de Madrid.

L. 17 c.; H. 14 c.

# VAZQUEZ

### (Madrid, XVIIIᵉ siècle.)

197. — *Mater dolorosa*.

Croquis aux crayons de couleur.

L. 11 c ; H. 10 c.


# VELAZQUEZ DE SILVA (DIEGO)

### (Séville, Madrid, XVIIᵉ siècle.)

198. — **Soldats jouant aux cartes.**

Très-vigoureux dessin à la plume, lavé de bistre.

L. 29 c. ; H. 20 c.


199. — **Le Marchand d'huile.**

Très-vigoureux dessin à la plume; lavé de bistre, dans la première manière du maître.

L. 28 c.; H. 20 c.


200. — **Étude d'homme, drapé dans un manteau.**

Magnifique dessin à la pierre noire.

H. 28 c. ; L. 18 c.


# VELAZQUEZ (ANTONIO-GONZALEZ)

### (Madrid, XVIIIᵉ siècle.)

201. — **Figures allégoriques pour l'ornementation.**

Trois jolis dessins à la plume, lavés de sépia.

# VELAZQUEZ (Luis)
### (Madrid, XVIII<sup>e</sup> siècle.)

**202. — La Leçon de musique.**

Charmant dessin au lavis sur papier teinté. (Signé:
L. Velazquez.)

L. 25 c.; H. 20 c.


# VIDAL (Dionis)
### ( Valence, XVII<sup>e</sup> siècle.)

**203. — Un Saint adjurant un monarque, étude
pour une fresque.**

A la plume, lavé d'indigo.

L. 31 c.; H. 26 c.


**204. — Le Triomphe de la Mort. Composition
allégorique. L'artiste, dans une pensée
sublime & philosophique, a représenté
avec un immense talent la Mort, les yeux
bandés, lançant au hasard ses flèches.**

Superbe dessin à la plume lavé d'indigo.

L. 34 c.; H. 24 c.


# ZURBARAN (Francisco)
### (Séville, XVII<sup>e</sup> siècle.)

**205. — La Vierge entourée d'anges, apparaissant
à trois religieux.**

Superbe dessin lavé de bistre & rehaussé de blanc.
(Coll. Kaieman).

H. 38 c.; L. 20 c.

**206. — Moine en prière.**

Précieux dessin à la pierre noire, d'un grand caractère.

H. 21 c. ; L. 15 c.


## SEQUEIRA (Domingos Antonio)

(Portugal, XVIII & XIX^e siècles.)

**207. — Têtes d'hommes.**

Très-beau croquis à la plume.

L. 26 c. ; H. 21 c.

# ÉCOLES

## FLAMANDE, ALLEMANDE ET HOLLANDAISE

# ÉCOLES

## FLAMANDE, ALLEMANDE ET HOLLANDAISE

---

## ALDEGRAVER

208. — Tête de reître.

> Dessin à la plume daté : 1520.
>
> L. 10 c.; H. 08 c.

## ANONYME

209. — Cheval se cabrant.

> Étude pour un bas-relief : au crayon noir, rehaussée de blanc.
>
> L. 28 c.; H. 22 1/2 c.

## BOL (Ferdinand)

210. — Jésus portant sa croix.

> Très-beau dessin à la plume & à la sépia.
>
> L. 28 c.; H. 19 c.

# BRAMER (Léonard)

**211. — Le retour de l'Enfant prodigue.**

Très-beau dessin à la plume, lavé d'encre & rehaussé de blanc : au verso, deux études pour le *Samaritain*.

L. 26 c.; H. 18 c.

# CABEL (Van der)

**212. — Vue d'une ville fortifiée.**

Charmant croquis à la plume; — au verso, un autre croquis.

L. 16 c.; H. 12 c.

# DIETRICH

**213. — Paysage.**

A la pierre noire, légèrement lavé. (Signé D. 1756). (Coll. Mariette.)

L. 21 c.; H. 15 c.

# DUSART (Corneille)

**214. — Un Homme assis sur des tonneaux.**

Vigoureux croquis à la plume.

L. 21 c.; H. 18 1/2 c.

## DYCK (Antoine Van)

215. — Le Christ & les Pharisiens.

Magnifique dessin à la pierre noire.

L. 20 c.; H. 16 c.

## HEYDEN (Van der)

216. — Vue d'une ville en Hollande; au fond une
église.

Dessin gouaché & lavé en couleurs, du plus précieux
travail. (Signé Van Heyde.)

L. 28 c.; H. 23 c.

## JORDAENS (Jacques)

217. — Vénus & l'Amour.

Très-beau dessin à la plume, lavé de bistre &
rehaussé de blanc.

H. 18 1/2 c.; L. 15 1/2 c.

## LAAR (Pierre de)

218. — Cavalier harnachant son cheval.

Joli dessin à la sanguine — Au verso, une étude
différente du même sujet.

H. 32 c.; L. 20 c.

# LUCAS DE LEYDE

**219. — Le Sauveur du monde.**

Très-précieux dessin a la plume, légèrement rehaussé d'or. (Signé du monogramme.)

H. 13 c.; L. 7 c.

# MECKEN (Israel Van)

**220. — La Pentecôte. — La Mort de la Vierge.**

Deux très-beaux dessins à la plume, au recto & au ver so

H. 21 1/2 c.; L. 10 1/2 c.

# MENGS (Raphael)

**221. — Le Sauveur du monde.**

Croquis au crayon noir.

H. 25 c.; L. 19 c.

**222. — L'Ange délivrant saint Pierre de la prison.**

Très-belle étude à la pierre noire, rehaussée de blanc.

H. 41 1/2 c.; L. 28 c.

# MIEL (Jean)

**223. — Fête champêtre.**

Très-spirituel & très-rare dessin à la plume sur vélin.

L. 28 c.; H. 20 c.

## · OSTADE (Adrien Van)

### . Études de figures.

Spirituel croquis à la mine de plomb.

L. 09 c.; H. 08 c.

## PEETERS (Bonaventure)

### 225. — Un port de mer.

Très-joli dessin à la plume, légèrement lavé d'aquarelle.

L. 29 1/2 c.; H. 16 c.

## POTTER (Paul)

### 226. — Trois vaches dans une prairie.

Superbe dessin, très-terminé à la plume & à la
pierre noire estompée. (Signé *Paulus Potter F.* 1646.)

H. 14 c.; L. 14 c.

## REMBRANDT

### 227. — Première pensée de son tableau des Syn-dics.

Très-beau dessin à la plume.

L. 20 c.; H. 17 c.

## ROOS DE TIVOLI (Philippe)

228. — Béliers au repos.

A la sanguine.

L. 20 c. ; H. 14 c.


## RUBENS

229. — Étude de la figure qui retient le drap
& soutient le bras du Christ dans la
Descente de croix d'Anvers.

Magnifique dessin à la pierre noire, rehaussé de
blanc.

H. 22 1/2 c. ; L. 18 1/2 c.


## VERBOEKOVEN (Eug.)

230. — Étude de cheval.

Charmant dessin, légèrement lavé d'encre. (Signé
Eug. V.)

L. 17 c. ; H. 12 c.


## VERSCHURING

231. — Une Foire de village.

Très-joli dessin à la plume, lavé d'encre de Chine
(daté 5 août 1675.)

L. 20 c. ; H. 15 c.

# WOLGEMUTH

232. — Études de diverses figures de rois, de saints & de patriarches, gravées dans la *Chronique de Nuremberg*.

Deux feuilles contenant 30 précieux croquis, exécutés à la plume, au recto & au verso.

L. 22 1/2 c.; H. 15 c.

# ÉCOLE FRANÇAISE

# ÉCOLE FRANÇAISE

## ANONYME.

**233. —** Sainte Famille.

> Très-belle composition à la plume, lavée de bistre.
>
> L. 27 c.; H. 19 c.

**234. —** Saint Charles Borromée secourant les
pestiférés.

> Magistral dessin à la sanguine.
>
> L. 23 c.; H. 21 c.

## ANONYME
### ( De l'École de Fontainebleau. )

**235. —** Vénus & l'Amour.

> Étude d'un beau caractère au pinceau, rehaussée de
> blanc sur papier teinté.
>
> H. 30 c.; L. 17 c.

## BOUCHER (François)

**236. —** Études décoratives.

> Magnifique dessin à la plume, légèrement lavé de
> bistre. (Coll. Falconnet.)
>
> H. 26 c.; L. 21 c.

## CADES (Joseph)

237. — Vignette pour l'illustration d'un poëme.

Très-joli dessin à la plume, lavé de bistre ; signé Cades.

H. 16 c. ; L. 13 c.


## CARMONTEL

238. — Une Dame dessinant d'après la bosse.

Joli petit dessin, lavé d'aquarelle.

L. 14 c. ; H. 17 c.


## CHARDIN (J.-B.)

239. — Portrait de l'artiste & de M^lle T...

Beau dessin à la sanguine.

L. 33 c. ; H. 22 c.

240. — Le Dessinateur.

Vigoureuse étude au crayon noir, rehaussé de blanc. (Coll^on Falconnet.)

H. 25 c. ; L. 21 c.

241. — Modèle pour un bureau en bois de rose.

Très-joli dessin aux crayons de couleur.

H. 28 c. ; L. 22 c.

## COYPEL

**242. — Portrait d'Adrienne Lecouvreur.**

Très-joli croquis à la sanguine, rehaussé de blanc.

H. 13 c. ; L. 09 c.


## DAVID D'ANGERS

**243. — Portrait de Cherubini.**

Croquis à la plume.

L. 20 c.; H. 16 c.


**244. — Portraits de MM. Quatremère de Quincy, Thevenin, Labarre.**

Croquis à la plume, signé : David.

H. 23 c. ; L. 18 c.


## DELLA-BELLA

**245. — Vue du château Saint-Ange. — Cavaliers au milieu d'un camp.**

Deux dessins énergiquement exécutés à la plume.

L. 16 c.; H. 12 c.

# GÉRICAULT

246. — Étude pour l'homme joignant les mains dans le naufrage de *la Méduse*.

Très-beau dessin au crayon noir, estompé.

H. 25 c.; L. 20 c.

# GRAVELOT

247. — Gentilhomme assis.

Joli dessin à la sanguine.

H. 28 c.; L. 23 c.

# JARDINIER

248. — Portrait de M^me Jardinier lisant de la musique.

Très-précieux dessin aux trois crayons, lavé d'aquarelle.

H. 22 c.; L. 18 c.

# LAMI (EUGÈNE)

249. — Jeune homme en costume Louis XV.

Très-spirituel croquis à la mine de plomb.

H. 12 c.; L. 09 c.

# LANCRET

**250. — Un Dessinateur.**

Très-joli dessin à la pierre noire, rehaussé de blanc.

H. 22 c.; L. 17 c.

**251. — Tête de femme.**

Délicieux dessin, digne de Watteau; au lavis de sanguine.

.H. 28 c.; L. 21 c.

# LEBRUN (M^{me} Vigée)

**252. — Portrait de l'artiste.**

Crayon noir, rehaussé de blanc.

H. 21 c; L. 16 c.

# LEPICIE

**253. — La Cuisinière.**

Très-beau dessin à la sanguiue.

H. 30 c.; L. 25 c.

**254. — Étude d'une figure de femme assise, pour le tableau de la Demande acceptée.**

Dessin capital de l'artiste, au crayon noir, estompé, rehaussé de blanc & de sanguine. (Collect. Tondu.)

H. 36 c.; L. 25 c.

# LEPRINCE

**255. — Halte de Cosaques.**

Beau dessin à la plume, lavé de bistre.

H. 24 c. ; L. 18 c.

# LORRAIN (Claude)

**256. — Paysage.**

Superbe dessin à la plume, lavé d'encre & de sépia.

H. 34 1/2 c. ; L. 16 1/2 c.

# LORRAIN (Claude)
### (École de.)

**257. — Le Campo Vaccino.**

Très-joli dessin à la plume, lavé de bistre, du plus spirituel effet.

L. 22 c. ; H. 14 c.

**258. — Paysage.**

A la plume, lavé d'encre.

L. 29 c. ; H. 20 c.

# PARROCEL

**259. — La Mort d'un chartreux.**

Dessin destiné à la gravure ; à la plume, lavé d'encre de Chine.

L. 31 1/2 c. ; H. 20 c.

**260.** — Bataille & siége d'une forteresse.

Spirituel croquis à la plume, lavé de bistre.

L. 20 c.; H. 14 c.

## PILLEMENT

**261.** — Paysage.

A la mine de plomb.

L. 26 c.; H. 18 c.

## POUSSIN (Nicolas)

**262.** — L'Amour vertueux abat les vicieux.

Superbe dessin à la plume.

H. 22 c.; L. 15 c.

## SAINT-AUBIN

**263.** — Le Curé & les Poules.

Très-spirituel dessin à la pierre noire. (Vente Perignon.)

L. 24 c.; H. 18 c.

## TRAVERSE (Charles de la)

Élève de Boucher; a peint en Espagne.

**264.** — Betsabée au bain.

Beau dessin à la plume, lavé de bistre.

H. 20 c.; L. 20 c.

**265. — Études de paysage.**

A la plume. (Signé : Ch. de la Traverse ; Madrid 1762.)

L. 17 c. ; H. 08 c.

## VIGNON (CLAUDE)

**266. — Adoration des Mages.**

Dessin à la plume sur sanguine (on a joint *l'eau-forte,* gravée par Vignon d'après ce dessin. —Au verso : Études d'ornements.

L. 26 c. ; H. 21 c.

## VOUET (SIMON)

**267. — Nymphe tenant un arc.**

Très-beau dessin à la plume, lavé de bistre & rehaussé de blanc.

H. 27 c. ; L. 21 c.

**268. — Figure allégorique.**

A la plume, lavé d'encre & rehaussé de blanc.

H. 19 c. ; L. 13 c.

## WATTEAU (ANTOINE)

**269. — L'Enfant boudeur.**

Charmant dessin à la sanguine.

H. 34 c. ; L. 26 c.

**270. — Un torse de femme ; jambes & mains d'homme. Cinq études aux trois crayons sur la même feuille.**

Dessin de la plus belle conservation.

H. 25 c. ; L. 23 c.

# ÉCOLE ITALIENNE

# ÉCOLE ITALIENNE

ALLORI (Angelo) *dit* LE BRONZINO

271. — Jeune Femme vue de profil & en buste.

Superbe dessin à la sanguine, rappelant *Michel-Ange*.

H. 31 c.; L. 23 c.

## ANONYMES

(Du XVIᵉ siècle.)

272. — Le Sacrifice d'Abraham.

Très-beau dessin à la sanguine, rehaussé de blanc; mis au carreau.

L. 29 c.; H. 22 c.

273. — Un Ange.

Dessin à la pierre noire, rehaussé de blanc sur papier préparé.

H. 25 c.; L. 19 c.

274. — Persée & Andromède.

Très-belle composition à la plume, lavée de bistre.

H. 31 c.; L. 27 1 2 c.

275. — Un plafond.

Aquarelle gouachée angulaire.

L. 41 c.; H. 30 c.

276. — Un autre plafond.

Aquarelle gouachée.

L. 33 c.; H. 24 c.

277. — Décoration théâtrale.

Plume, lavis.

L. 44 c.; H. 30 c.

278. — Fontaine monumentale dans un parc.

Plume & lavis.

H. 33 c.; L. 23 c.

279. — Vasque surmontée d'un Silène.

Plume & bistre.

H. 13 c.; L. 12 c.

280. — Vases & ornements d'architecture.

Deux dessins, plume & bistre.

281. — Casques héroïques.

Très-beau dessin à la plume.

282. — Études de têtes.

Croquis à la plume.

283. — Études de figures drapées.

Très-beaux croquis à la plume.

**284. — Étude d'homme nu.**

Croquis à la sanguine.

H. 20 c.; L. 12 c.

**285. — Étude d'une figure d'homme agenouillé & priant.**

Beau dessin très-finement exécuté à la sanguine.

H. 10 c.; L. 09 c.

## ANONYME

(De l'École florentine.)

**286. — Persée & Andromède.**

Beau dessin à la plume, lavé de bistre.

H. 26 c.; L. 19 1/2 c.

## ANONYME

(De l'École génoise.)

**287. — Adoration des Mages.**

A la plume, lavé de bistre.

H. 40 c.; L. 29 c.

## ARPINO (Cavalier d')

**288. — Figure allégorique.**

Beau dessin à la sanguine & au crayon.

H. 22 c.; L. 16 c.

# BANDINELLI (Baccio)

**289.** — Figures nues.

Très-belles études à la plume.

H. 26 c.; L. 20 c.

**290.** — Une Sibylle.

Dessin à la plume d'après Michel-Ange.

H. 20 c.; L. 14 c.

# BAROCCIO (Federico)

**291.** — Repos de la Sainte famille.

Puissant dessin à la plume, lavé de bistre.

H. 25 c.; L. 20 1/2 c.

# BARTOLOMMEO (Fra)

**292.** — Le Christ descendu de la croix.

Importante composition de huit figures, à la plume.

H. 30 c.; L. 23 c.

# BOLOGNE (Jean de)

**293.** — Étude pour une fontaine monumentale.

A la plume; — au verso, deux croquis.

L. 14 c.; H. 10 c.

## CAMBIASO (Luca)

294. — La Vierge & l'enfant Jésus avec sainte Catherine.

> Croquis à la plume, lavé de bistre; au verso, divers croquis.
>
> L. 27 c.; H. 20 c.

## CARRACCI (Annibal)

295. — Un triton.

> Étude à la sanguine pour les fresques de la Farnésine.
>
> H. 29 c.; L. 19 1/2 c.

296. — Paysage.

> Croquis à la plume.
>
> L. 24 1/2 c.; H. 19 1/2 c.

297. — Le Temple de la Fortune à Tivoli.

> Paysage à la plume.
>
> L. 27 c.; H. 15 c.

## CARRACCI (Ludovico)

298. — La Vierge dans une gloire, apparaissant à trois saints.

> Superbe dessin à la plume & au bistre; signé: Lodovico. (Coll. de Cean Bermudez.)
>
> H. 33 c.; L. 20 c.

## CASTIGLIONE (Giov. Benedetto)

**299.** — Vieillard lisant.

Dessin énergique à la plume.

H. 25 c. ; L. 20 c.


## CASTELLO (*dit* LE BERGAMASQUE)
### (Peintre de Philippe II.)

**300.** — Mars & Vénus.

Composition reproduite avec des variantes, au recto & au verso de la même feuille. Très-beau dessin à la plume, légèrement lavé de bistre. (Ce dessin a fait partie au XVIIe siècle de la coll. du peintre espagnol Solis.)

H. 25 c. ; L. 17 c.


## CIGNANI (Carlo)

**301.** — Études de deux figures d'anges.

A la sanguine.

L. 19 c. ; H 08 1/2 c.


## COLONNA

**302.** — Étude d'architecture pour l'un des salons du palais de Madrid.

A la plume, lavé de bistre.

L. 39 c ; H. 25 c.

## COLONNA ET METELLI

303. — Architecture.

Croquis à la plume & au bistre.

H. 17 c.; L. 11 c.

## CORTONE (Pietre de)

304. —. Martyre d'une sainte.

A la plume, rehaussé de blanc.

H. 36 c.; L. 25 c.

## CORRADO (Hyacinthe)

305. — Un saint en extase.

A la sanguine (signé *Corr.*).

H. 26 c.; L. 16 c.

## GANDOLFI

306. — Figure drapée.

Croquis à la plume, lavé.

Ovale. — H. 15 c.; L. 13 c.

## GIORDANO (Luca)

307. — Le Parnasse.

Très-beau dessin au crayon, lavé de bistre, exécuté par Luca Giordano au palais d'Aranjuez. (Collection de Cean Bermudez; décrit dans son *Dictionnaire*, tome II, p. 342, article *Lucas Jordan*.)

L. 41 1/2 c.; H. 28 c.

# GOZZOLI (Benozzo)

308. — Composition d'un très-grand nombre de figures représentant divers sujets mystiques & rappelant les grandes fresques exécutées par ce maître au Campo Santo de Pise.

A la plume & au bistre.

L. 44 c.; H. 28 c.

309. — La Source miraculeuse.

Beau dessin à la plume, lavé de bistre.

H. 22 c.: L. 19 c.

# GUERCHIN (Le)

310. — La Vierge & l'Enfant.

Dessin à la plume pour une eau-forte gravée par ce maître (Collection de Cean Bermudez).

H. 11 c.; L. 11 c.

311. — Un Évangéliste.

Superbe dessin à la plume (Collection Jennings).

H. 24 c.; L. 19 c.

# GUIDO-RENI

312. — La Vierge entourée de plusieurs saints.

Très-importante composition à la sanguine.

H. 28 c.; L. 20 c.

## LIGOZZI

313. — Betsabée au bain.

Très-beau dessin à la plume, rehaussé d'or sur papier teinté. (Signé du monogramme, 1597).

H. 34 1/2 c.; L. 25 c.

## MARATTA (Carlo)

314. — Sainte Famille.

Charmante esquisse, peinte à l'essence (Collection de Cean Bermudez).

H. 21 c.; L. 18 c.

## MASACCIO

315. — Jésus au milieu des docteurs.

Au crayon, lavé de sépia.

H. 25 c.; L. 20 c.

## MAZOLINO (Girolamo)

316. — Études de figures d'anges.

Très-joli croquis à la plume.

H. 27 1/2 c.; L. 19 c.

## METELLI (Agostino)

317. — Détails d'architecture.

Trois croquis à la plume, lavé de bistre.

## MICHEL-ANGE BUONAROTTI

318. — La Vierge soutenant le Christ mort.

Dessin de premier ordre, d'un style admirable, d'une expression & d'un sentiment sublimes & d'une parfaite exécution; à la plume, lavé de bistre. (Il a fait partie de la collection du célèbre critique d'art espagnol Cean Bermudez.)

H. 27 c.; L. 21 c.

## MUZIANO (Girolamo)

319. — Paysage avec un sujet mythologique.

A la plume & au lavis d'encre. Œuvre capitale de l'artiste.

H. 47 c.; L. 37 c

## NARDI (Angelo)

320. — Études d'anges jouant de divers instruments.

Très-beau dessin, lavé de rouge & rehaussé de blanc; signé *Angelo Nardi*. (Collection de Cean Bermudez, & cité dans son *Dictionnaire*, tome II, p. 223, article *Nardi*). Nardi a peint en Espagne sous le règne de Philippe IV.

L. 24 c.; H. 18 c.

## NICOLO DEL ABBATE

321. — Dieu créant le monde.

Sanguine rehaussée de blanc. (Coll. de Cean Bermudez.)

L. 35 c.; H. 17 c.

## PARMESAN (Mazzuoli *dit* le)

**322. — La mise au tombeau.**

Dessin à la plume, lavé de bistre de la plus grande beauté. — Il a fait partie des cabinets Denon, Thibaudeau & His de la Salle : on y a joint le fac-simile à l'eau-forte qui en a été gravé lorsque ce dessin faisait partie du cabinet Denon.

H. 12 c. ; L. 7 c.

**323. — Apollon & Diane tuant, à coups de flèches, les enfants de Niobé.**

Remarquable croquis à la plume, lavé de bistre.

L. 21 c. ; H. 15 c.

**324. — Deux figures ailées.**

Superbe dessin à la plume.

H. 25 c. ; L. 13 1/2 c.

## PELLEGRINO TIBALDI

( Peintre de Philippe II.)

**325. — Moïse devant le Pharaon.**

Plume, lavé & bistre.

L. 27 c. ; H. 20 c.

**326. — Le Christ devant Pilate.**

Superbe dessin au crayon noir, rehaussé de blanc, composition pour l'une des fresques exécutées par l'artiste à l'Escurial. Il est mis au carreau. (Coll. de Cean Bermudez.)

H. 28 c. ; L. 25 c.

**327. — La Géographie.**

Délicieux dessin pour l'une des figures allégoriques peintes à la bibliothèque de l'Escurial, à la plume, lavé de bistre.

H. 19 c.; L. 9 c.

**328. — Études & compositions diverses.**

A la plume & lavé de bistre ; — au verso, plusieurs croquis à la plume.

## PENNI (Luca, *dit* Il Fattore)

**329. — Saint Jean.**

Superbe dessin à la plume & au bistre, rehaussé de blanc, sur papier bleu. (Coll. de Cean Bermudez.)

L. 24 c.; H. 20 c.

## PERINO del VAGA

**330. — Sainte Famille.**

Charmant dessin à la plume, légèrement lavé de bistre.

H. 14 c.; L. 10 c.

## PERUCHETTI (Giuseppe)

**331. — Décorations théâtrales.**

Deux beaux dessins à la plume, lavis d'encre de Chine.

L. 32 c.; H. 23 c.

## PESARESE (Le)

**332. — Figure drapée.**

Croquis énergique à la plume & lavé de bistre.

H. 25 c.; L. 14 1/2 c.

**333. — Études de figures drapées.**

Trois croquis à la plume.


## PINELLI

**334. — La Mort de Didon.**

Dessin au crayon, lavé d'encre de Chine.

L. 33 c.; H. 21 c.


## PIOLA (Domenico)

**335. — Un Religieux adorant la Vierge & l'Enfant.**

A la plume, lavé de bistre.

H. 24 c.; L. 17 c.


## PIOMBO (Sébastien del)

**336. — Saint André en croix.**

Superbe dessin à la pierre noire, *digne de Michel-Ange*.

H. 34 c.; L. 21 c.

# POLIDORE DE CARAVAGE

**337. — Une Sibylle.**

Magistrale composition de sept figures : à la plume, lavé de bistre & rehaussé de blanc. (Coll. de Cean Bermudez.)

L. 40 c.; H. 27 c.

**338. — Sujet mythologique; Frise décorative.**

A la plume, lavé de bistre.

L. 40 c.; H. 16 c.

**339. — Un Taureau & une Lionne.**

A la sanguine. (Coll. Bazot & Lempereur.)

L. 16 1/2 c.; H. 06 1/2 c.

# POMERANCIO (LE)

**340. — Le Christ mort soutenu par des anges.**

Très-beau dessin à la plume, lavé de bistre.

H. 23 c.; L. 18 c.

# REGGIO (RAPHAELLO DE)

**341. — Un Chasseur poursuivant un cerf.**

A la plume, lavé de bistre, signé : Raffaello da Reggio, fecit Romæ.

H. 19 c.; L. 14 c.

## RICCIO (FELICE)

342. — La Vierge & l'enfant Jésus adorés par les deux saints Jean.

Importante composition à la plume, lavée de bistre.

H. 25 c.; L. 18 c.

## ROSSO DEL ROSSO

343. — Apollon tuant le serpent Python.

Magnifique dessin à la plume.

H. 40 c.; L. 28 c.

344. — Études de deux figures nues.

Superbe dessin à la plume sur croquis de sanguine; au verso, une composition de plusieurs figures.

H. 37 c.; L. 18 c.

## SACCHI (ANDREA)

345. — La Vierge & l'Enfant.

Beau croquis au crayon de l'une de ses compositions.

H. 31 c.; L. 23 c.

## SALVATOR ROSA

346. — Études de têtes.

Divers croquis à la plume sur une même feuille.

# SALVIATI

**347.** — Le Supplice de Tantale.

Superbe dessin à la plume, rehaussé de blanc.

H. 20 c.; L. 15 c.

# SANTI-PERANDA

**348.** — Mercure & Argus.

Très-beau dessin au pinceau, lavé d'encre, rehaussé de blanc sur papier teinté.

L. 29 c.; H. 18 c.

# SARTO (ANDRÉA DEL)

**349.** — Une Flagellation.

Superbe croquis de plusieurs figures, dans le style de Raphaël; à la plume.

L. 21 c.; H. 141/2 c.

# SIGNORELLI (LUCA)

**350.** — Jésus flagellé par un de ses bourreaux.
— Deux études des soldats gardiens du tombeau du Christ au moment de la résurrection.

Deux très-beaux, très-rares & très-magnifiques dessins, au recto & au verso, exécutés à la pointe d'argent sur papier préparé.

H. 28 c.; L. 19 c.

## TIEPOLO (Dominico)

**351. — Tarquin & Lucrèce.**

Au crayon noir, rehaussé de blanc.

L. 35 c. ; H. 25 c.

**352. — Tête de jeune garçon.**

A la sanguine, rehaussé de blanc.

H. 13 c.; L. 8 c.

**353. — Études de têtes.**

A la sanguine.

L. 23 1/2 c. : H. 17 c.

## TIEPOLO (Jean-Baptiste)

**354. — Vierge glorieuse entourée d'anges.**

Charmante esquisse à l'huile sur papier.

H. 15 c.; L. 10 1/2 c.

**355. — Vierge sur les nuées.**

Croquis à la plume, lavé de bistre.

H. 25 c.; L. 20 c.

**356. — Saint Luc.**

Croquis à la plume, lavé de sépia.

**357. — Saint Marc.**

Croquis à la plume, lavé de sépia.

# TIZIANO-VECELLI

**358. — Étude d'Écorché.**

Superbe dessin à la plume, lavé de bistre.

H. 38 1/2 c ; L. 23 c

# URBINO (TIMOTEO DE)

**359. — Décorations grotesques.**

Croquis à la plume & au bistre.

H. 14 c.; L. 9 c.

# VERONÈSE (PAUL)

**360. — La Circoncision.**

Superbe composition d'un très-grand nombre de figures, à la plume & au bistre. (Collection de Cean Bermudez.)

H. 35 c. ; L. 26 1/2 c.

**361. — La Nymphe blessée.**

Très-joli dessin à la sanguine.

L. 18 c.; H. 16 c.

# VIANI (GIOVANNI)

**362. — L'Adoration des Mages.**

Spirituel croquis d'un grand nombre de figures, à la plume.

L. 26 c.; H. 17 c.

## ZUCCHERO (Federico)

**363. — La Visitation.**

A la plume.

H. 25 c.; L. 20 c.

**364. — Un Saint percé de flèches est secouru par une foule d'hommes, de femmes & d'enfants.**

Remarquable composition, pleine de vie & de mouvement; à la plume & au bistre.

H. 39 c.; L. 29 1/2 c.

**365. — L'Offrande.**

Très-belle composition de 4 figures ; à la plume, lavé de bistre & rehaussé de blanc. (Coll. de Cean Bermudez.)

H. 31 c.; L. 21 c.

## ZUCCHERO (Taddeo)

**366. — L'Entrée triomphante de Jésus dans Jérusalem.**

A la plume, lavé de bistre & rehaussé de blanc.

L. 20 c.; H. 155 c.

**367. — Sous ce numéro seront vendus plusieurs dessins non catalogués.**

# EAUX-FORTES

## ET LITHOGRAPHIES

## DE GOYA

# CATALOGUE

DE

# QUELQUES PIÈCES RARES

OU EN TRÈS-BELLES ÉPREUVES

DE L'ŒUVRE GRAVÉ ET LITHOGRAPHIÉ

DE

# GOYA

( Nous avons suivi, pour la désignation de ces pièces & l'indication
de leur état, l'essai de catalogue récemment
publié dans la *Gazette des Beaux-Arts*, par M. P. Lefort. )

## SUJETS D'APRÈS VELAZQUEZ

### GRANDES PIÈCES

368. — Philippe III, portrait équestre.

  Ancienne épreuve, superbe, toute marge.   (L. 230.)

369. — Philippe III.

  Autre très-belle épreuve du premier tirage.

370. — Marguerite d'Autriche, portrait équestre.

Ancienne épreuve, toute marge.          (L. 231.)

371. — Philippe IV, portrait équestre.

Très-belle épreuve ancienne.          (L. 232.)

372. — Isabelle de Bourbon, femme de Philippe IV, portrait équestre.

Épreuve ancienne, très-belle, toute marge. (L. 233.)

373. — Gaspar de Guzman, comte d'Olivarès, portrait équestre.

Épreuve ancienne, marge.          (L. 234.)

374. — L'infant don Balthasar Carlos, portrait équestre.

Belle épreuve ancienne, marge rognée.          (L. 235.)

375. — Bacchus couronnant des ivrognes.

Belle épreuve ancienne, petite marge.          (L. 237.)

376. — Même sujet.

Autre épreuve ancienne, plus grande de marge, très-belle.

## PETITES PIÈCES D'APRÈS VELAZQUEZ

377. — Menippé.

Épreuve du 1er état, avant l'inscription, très-rare.

(L. 239.)

**378. — Menippé.**

3ᵉ état, épreuve ancienne, très-belle, toute marge.

**379. — Ésope.**

Épreuve ancienne, superbe, toute marge.  (L. 240.)

**380. — Nain assis, feuilletant un volume.**

Épreuve ancienne, très-belle, toute marge. (L. 245.)

**381. — Même sujet.**

Autre épreuve ancienne, très-belle, toute marge.

**382. — Nain assis, les poings sur les cuisses.**

3ᵉ état, très-rare.                          (L. 244.)

**383. — Même pièce.**

4ᵉ état, très-belle épreuve ancienne, toute marge.

(L. 244.)

**384. — Barberousse.**

Épreuve de la chalcographie.          (L. 241.)


## PIÈCES DIVERSES

**385. — L'homme garrotté.**

Chef-d'œuvre du maître, superbe épreuve ancienne,
toute marge.                          (L. 246.)

**386. — Le Colosse.**

L'une des plus curieuses pièces de l'œuvre de Goya,
on n'en connaît que 2 épreuves.          (L. 249.)

387. — L'homme se balançant.

Belle épreuve, tirage de M. Lumley. (L. 250.)

388. — Même sujet.

Épreuve du même état.

389. — La Vieille se balançant.

Belle épreuve, même tirage. (L. 251.)

390. — Même sujet.

Autre belle épreuve.

391. — Un vieux Torero.

Belle épreuve, même tirage. (L. 252.)

392. — La Maja.

Belle épreuve, même tirage. (L. 253.)

393. — Une Maja en mantille.

Belle épreuve, même tirage. (L. 254.)

394. — Saint François de Paule.

2ᵉ état, très-belle épreuve. (L. 228.)

395. — Même sujet.

Belle épreuve.

396. — L'Aveugle enlevé sur les cornes d'un taureau.

Tirage moderne. (L. 247.)

**397.** — Même sujet.

Épreuve moderne.

**398.** — Un Aveugle chantant.

Belle épreuve. On ne connaît pas d'épreuve ancienne de cette pièce. (L. 255.)

**399.** — Même pièce.

Belle épreuve moderne.

## LES PRISONNIERS

**400.** — Le Prisonnier près de la herse.

Belle épreuve du tirage Lumley, le seul qu'on connaisse. (L. 256.)

**401.** — Le deuxième Prisonnier.

Belle épreuve, même tirage. (L. 257.)

**402.** — Le troisième Prisonnier.

Belle épreuve, tirage moderne. (L. 258.)

**403.** — Même sujet.

Autre épreuve.

# PIÈCES

DE LA

## SÉRIE DES MALHEURS DE LA GUERRE

### 404. — Il n'est déjà plus temps.

1er état de la pl. 19 des *Malheurs de la Guerre*, rare & très-belle épreuve avant le n°, tirage de Goya.

(L. 163.)

### 405. — Ils s'approvisionnent.

Très-belle épreuve avant le n° de la pl. 16 des *Malheurs de la Guerre*, tirage de l'artiste. (L. 160.)

### 406. — Fier monstre.

Eau-forte inédite de la même série, belle épreuve, tirage moderne. (L. 225.)

### 407. — Même pièce.

Autre belle épreuve.

*Nota.* — Cette planche ainsi que la suivante manquent dans l'édition des *Malheurs de la Guerre*, publiée par l'Académie de San Fernando, l'Académie n'ayant pu acquérir les deux cuivres.

### 408. — Ceci est le vrai.

Eau forte inédite de la même série, belle épreuve, tirage moderne. (L. 226.)

**409. — Même sujet.**

Autre belle épreuve.

**410. — Portrait de Goya.**

Épreuve tirée à part de l'eau-forte qui est en tête des *Caprices*; 3ᵉ état.                    (L. 1.)

## LA TAUROMACHIE

**411. — La Tauromachie.**

Suite de 33 pièces à l'eau-forte & à l'aqua-tinte, en épreuves superbes; tirage de l'artiste, avec la feuille de texte, indiquant les titres des planches.   (L. 38 à 112.)

## ÉPREUVES DE REMARQUE DE LA TAUROMACHIE

**412. — Charles-Quint lançant un taureau.**

Épreuve du 1ᵉʳ état, eau-forte pure, de la pl. 10 de la série.                    (L. 92.)

**413. — Maures combattant le taureau.**

Épreuve du 1ᵉʳ état, eau-forte pure, de la pl. 3.

(L. 85.)

**414. — Maures courant le taureau *embolado*.**

Épreuves du 1ᵉʳ état, eau-forte pure, de la pl. 17.

(L. 99.)

**415. — Le Cid lançant un taureau.**

Épreuve du $1^{er}$ état, eau-forte pure, de la pl. 11.

(L. 93.)

**416. — Mariano Ceballos tuant le taureau de dessus son cheval.**

Superbe épreuve du $1^{er}$ état, eau-forte pure, de la pl. 23, tirage de Goya. (L. 10.)

**417. — Même sujet.**

Deux épreuves du $2^e$ état, avant le n°, tirage de Goya, elles diffèrent entre elles par la coloration de l'aqua-tinte : curieuses épreuves d'essai. (L. 105.)

**418. — Fernando del Toro, célèbre picador.**

Deux curieuses épreuves du $2^e$ état avant le n° de la pl. 27. Ces essais diffèrent entre eux par la coloration à l'aqua-tinte ; tirage de l'artiste. (L. 109.)

**419. — Les Banderilles de feu.**

Deux épreuves du $2^e$ état avant le n° de la pl. 31. L'une d'elles offre deux essais tirés au recto & au verso ; tirage de l'artiste. (L. 113.)

**420. — Rendon piquant un taureau.**

Epreuve du $2^e$ état avant le n° de la pl. 28 ; tirage de l'artiste. (L. 110.)

**421. — Pepe Illo saluant le taureau.**

Épreuve du $1^{er}$ état, eau-forte pure, de la pl. 29 ; tirage de Goya. (L. 111.)

**422.** — Même sujet.

Deux épreuves du 2ᵉ état avant le nᵒ. Essais différant entre eux par la coloration à l'aqua-tinte; tirage de l'artiste.  (L. 111.)

**423.** — Groupes de Picadors culbutés par un taureau.

Deux épreuves différant entre elles par le ton de l'aqua-tinte. 2ᵉ état avant le nᵒ de la pl. 32; tirage de l'artiste.  (L. 114.)

**424.** — Pièce inédite de la Tauromachie, variante de la pl. 18, publiée dans la série.

Deux épreuves offrant des essais différents de coloration. Épreuves très-probablement uniques.  (L. 122.)

**425.** — La Tauromachie.

Épreuves du tirage de Goya des pl. nᵒ 14, 19, 21, 23, 24, 29 & 32; très-belles de teintes. 7 pièces.

## LES PROVERBES

**426.** — 16 planches de la suite des Proverbes.

Tirage de 1850; première publication de cette curieuse suite, belles épreuves.  (L. 124 à 141.)

# ÉPREUVES DE REMARQUE

### 427. — L'homme du peuple dansant.

Superbe épreuve d'eau-forte pure, tirage d'essai de Goya ; très-rare. (L. 127.)

### 428. — Même sujet.

Autre épreuve du même état, retouchée au crayon noir par l'artiste.

### 429. — L'Énergumène.

Magnifique épreuve d'eau-forte pure, du tirage d'essai de l'artiste ; 1$^{er}$ état, avant le *Soldat* qui se précipite dans le gouffre ; épreuve très-probablement unique.

(L. 138.)

### 430. — Même sujet.

Très-belle épreuve du 2$^e$ état avec le *Soldat* & après divers changements apportés dans le dessin des groupes & nombre de travaux sur les vêtements des personnages. Elle porte une légende de la main de Goya. (L. 138.)

# PIÈCES LITHOGRAPHIQUES

### 431. — Les courses de taureaux.

Suite de pièces en largeur lithographiées à Bordeaux en 1825 & tirées à très-petit nombre. Superbes épreuves ; toute marge. (L. 212 & 275.)

**432.** — Portrait de M. Gaulon, imprimeur-litho-
graphe à Bordeaux.

Très-rare. Belle épreuve. Vente Delacroix.   ( L. 278.)

**433.** — La Danse espagnole.

Pièce rare, lithographiée à Bordeaux en 1815. Belle
épreuve.                                    (L. 276.)

**434.** — Même sujet.

Épreuve de la vente Delacroix.

**435.** — Le Duel.

Pièce rare, exécutée à la plume de roseau, datée :
*Madrid, Marzo* 1819. Belle épreuve.        (L. 264.)

**436.** — La Lecture.

Pièce rare. Belle épreuve.                    (L. 267.)

PARIS. — J. CLAYE, IMPRIMEUR, RUE SAINT-BENOIT, 7. — 14

J. Clave. imprimeur
Benoît & Zà Paris

9 782014 462272